DAS KOM
KATERKUR KOCHBUCH

100 UNGLAUBLICHE REZEPTE FÜR DEN TAG NACH EINEM GROßEN DRINK

HARMAND FABEL

Alle Rechte vorbehalten.

Haftungsausschluss

Die in diesem eBook enthaltenen Informationen sollen als umfassende Sammlung von Strategien dienen, die vom Autor dieses eBooks untersucht wurden. Zusammenfassungen, Strategien, Tipps und Tricks sind nur Empfehlungen des Autors, und das Lesen dieses eBooks garantiert nicht, dass Ihre Ergebnisse die Erkenntnisse des Autors genau wiedergeben. Der Autor des eBooks hat alle zumutbaren Anstrengungen unternommen, um aktuelle und genaue Informationen für die Leser des eBooks bereitzustellen. Der Autor und seine Mitwirkenden haften nicht für unbeabsichtigte Fehler oder Auslassungen, die möglicherweise gefunden werden. Das Material im eBook kann Informationen von Dritten enthalten. Materialien von Drittanbietern enthalten Meinungen, die von ihren Eigentümern geäußert werden.

Das eBook ist urheberrechtlich geschützt © 2022 mit allen Rechten vorbehalten. Es ist illegal, dieses eBook ganz oder teilweise weiterzuverbreiten, zu kopieren oder davon abgeleitete Werke zu erstellen. Kein Teil dieses Berichts darf ohne die ausdrückliche und unterzeichnete schriftliche Genehmigung des Autors in irgendeiner Form vervielfältigt oder weitergegeben werden.

INHALTSVERZEICHNIS

NACHTISCH 170

SMOOTHIES 187

FAZIT **233**

EINLEITUNG

Kater passieren. Sie kommen einfach mit Ihren Kollegen auf ein gepflegtes Glas Wein vorbei. Das nächste, was Sie wissen, ist, dass Sie an Ihrem dritten Tag sind, dass sich diese hausgemachte Mahlzeit in ein flüssiges Abendessen verwandelt, und wenn der Wecker am nächsten Tag klingelt, wachen Sie mit schielenden Augen und verwirrt auf.

Egal, ob Sie sich nach einem grünen Saft sehnen oder das Bedürfnis verspüren, Ihren Kopf in einen Eimer Waffeln zu stecken, diese Kater-Rezepte werden Sie von Null zu (fast) einem Helden bringen.

Die Liste beginnt mit dem guten, gesunden Frühstück und geht weiter zu den klebrigen, fettigen, käsigen Rezepten, die Ihre verkaterte Seele zum Singen bringen werden.

FRÜHSTÜCK

1. Zitronencreme mit Brombeeren

Ergibt 4 Portionen

Zutaten

- 1 Tasse Cashewnüsse, 8 Stunden in Wasser eingeweicht, gespült und abgetropft

- 1 Tasse frisch gehackte Kokosnuss

- Schale von 3 Zitronen

- 1 Tasse Wasser

- 4 Tassen reife Brombeeren

Richtungen

a) Cashewnüsse, Kokosnuss, Zitronensaft, Zitronenschale und Wasser in eine Küchenmaschine geben und cremig und glatt pürieren.

b) Den Lemon Curd in einen verschließbaren Behälter füllen.

c) Den Quark bis zum Servieren abgedeckt in den Kühlschrank stellen.

d) Den Quark in Servierschalen füllen und mit den Brombeeren garnieren.

2. Müsli zum Frühstück

Portion: 1 Portion

Zutaten

- 3/4 Tasse rohe Nüsse

- 10 mittelgroße Datteln, eingeweicht und entkernt

- 1 Tasse frisches Obst, vorzugsweise Mango, Beeren oder Bananen

- 1 Esslöffel geriebene frische rohe Kokosnuss

- Nussmilch, nach Geschmack

Richtungen

a) Mit einer Küchenmaschine die Nüsse und Datteln zusammen verarbeiten, bis die Nüsse fast fein gemahlen sind.

b) In einer Schüssel mit frischem Obst und Kokosflocken mischen.

c) Mit Nussmilch abschmecken.

3. Roher veganer Joghurt

Portionen: 4

Zutaten

- 1 Tasse Macadamianüsse oder Cashewnüsse, 2 Stunden eingeweicht

- 1 Tasse gefiltertes Wasser

- 1 Esslöffel Zitronensaft

Richtungen

a) Die Nüsse mit der Hälfte des Wassers in den Mixer geben. 20 Sekunden lang mixen und das restliche Wasser hinzufügen.

b) Mixen, bis eine cremige, glatte Konsistenz erreicht ist.

c) Übertragen Sie die Mischung in ein sauberes Glasgefäß und bedecken Sie es mit Plastikfolie, die mit einem Gummiband befestigt wird. An einem warmen Ort 16 bis 24 Stunden gären lassen.

d) Je länger es sitzt; desto mehr Gärung findet statt.

e) Zitronensaft einrühren, falls verwendet, und im Kühlschrank kalt stellen.

4. Rohe Beerenchips

Portionen: 6-8

Zutaten

- 30 Unzen gemischte Beeren (Erdbeeren, Blaubeeren, Himbeeren)

- 2 Tassen rohe Walnüsse oder rohe Pekannüsse

- 1/4 Tasse ungekochte Haferflocken

- 2 Esslöffel Ahornsirup

- 1/4 TL Zwiebelpulver

Richtungen:

a) In einer großen Schüssel die geschnittenen Erdbeeren und andere gewaschene Beeren mischen.

b) Bereiten Sie das Topping in einer Küchenmaschine zu und pulsieren Sie alle Zutaten, bis sie sich gerade vermischt haben.

c) In eine 1,4-Liter-Auflaufform den größten Teil der Beerenmischung geben und etwa ein paar Esslöffel übrig lassen. Gleichmäßig verteilen.

d) Gießen Sie nun den größten Teil des Toppings über die Beeren und behalten Sie ein paar Esslöffel bei.

e) Nun die restlichen Beeren darüber streuen und zum Schluss das restliche Topping.

f) Sofort servieren oder 1 Stunde kühl stellen.

5. Buchweizen-Kurkuma-Brei

Dient 1

Zutaten

- 1/2 Tasse rohe Buchweizengrütze
- 1/3 Tasse Hafer-, Mandel- oder Sojamilch
- 1 Banane, geschält und gehackt
- 1/3 Teelöffel gemahlener Kurkuma
- 1 Prise gemahlener schwarzer Pfeffer

Richtungen

a) Geben Sie alle Ihre Zutaten in Ihren Mixbehälter oder Stabmixerbehälter und mixen Sie, als gäbe es kein Morgen. Eine kleine Küchenmaschine mischt es, aber Sie bekommen es vielleicht nicht so glatt.

b) Servieren, belegt mit allem was das Herz begehrt.

c) Frisches Obst, knuspriges Müsli, Kakaonibs und geröstete Nüsse sind alle köstlich.

6. Mohn-Mandel-Riegel

dient 1

Zutaten

- 3 Esslöffel Mohn, gemahlen

- 5-7 Datteln, fein gehackt

- ⅓ Tasse und 1 Esslöffel Mandelmilch

- ¼ Teelöffel Zimt

Richtungen

a) Alle Zutaten vermischen und über Nacht im Kühlschrank ziehen lassen.

b) Herausnehmen, umrühren und genießen.

7. Frühstück Zinger Bars

Für 5-6 Portionen

Zutaten

- 10 entsteinte Medjool-Datteln

- 1/4 Tasse goldene Beeren

- 1 Tasse glutenfreie Haferflocken

- Schale einer Zitrone

Richtungen

a) Geben Sie den Hafer in Ihre Küchenmaschine und verarbeiten Sie ihn, bis der Hafer in kleine Stücke zerfällt.

b) Fügen Sie die goldenen Beeren, Datteln und Zitrone hinzu und verarbeiten Sie, bis die Mischung klebrig ist.

c) Sobald die Mischung klebrig ist, formen Sie sie zu Riegeln.

d) Kühlen Sie die Spitzen für eine Woche. Fühlen Sie sich frei, die Menge zu verdoppeln, um mehr Zinger Riegel herzustellen!

8. Rohes Getreide der Mango-Erdbeere

Portionen: 1

Zutaten

Getreide

- 1 1/2 Tasse gefrorene Mango

- 1 1/2 Tasse gefrorene Erdbeeren

- 1/2 Tasse getreidefreies Rawnola

Bananenmilch

- 2 reife Bananen

- 1 Tasse Wasser

Richtungen

a) Kombinieren Sie in einer Küchenmaschine die gefrorene Mango und die gefrorenen Erdbeeren. Zu kieselgroßen Stücken verarbeiten. Überarbeite dich nicht, sonst hast du eine Nicecream.

b) In eine Schüssel füllen und in den Gefrierschrank stellen.

c) Mischen Sie die Banane und das Wasser, um die Bananenmilch herzustellen. Mit mehr/weniger Wasser auf die gewünschte Konsistenz einstellen.

d) Granola aus der Tiefkühltruhe nehmen, Rawnola unterrühren, mit Milch auffüllen und genießen!

9. Rohe Zimtschnecken

Jasmine Briones | sweetsimplevegan.com

Portionen: 3-5

Zutaten

- 15 Bio-Datteln, entkernt

- 4 große reife Bio-Bananen

- 1/2 TL Bio-Zimt

- Optional: Vanille

- Optional: Zusätzliche Gewürze

Richtungen

a) Bananen senkrecht in 3 Stücke schneiden.

b) Bestreue die Bananen mit Zimt und gib sie für 6-8 Stunden in einen Dehydrator bei 115F.

c) Alle Datteln mit einer Prise Zimt, optional Vanille und Wasser in einen Hochleistungsmixer geben.

d) Wenn die Bananen angefasst werden können, ohne zu brechen, aber nicht vollständig trocken sind, schneiden Sie sie in Scheiben und verteilen Sie das Karamell darauf.

e) Rollen Sie die Banane mit Karamell um sich selbst, um eine Rolle zu bilden. Die Brötchen nach Belieben mit mehr Dattelkaramell belegen. Die Oberseite mit Zimt bestreuen.

f) Wieder für 6 Stunden in den Dehydrator stellen, bis sie durchgewärmt sind.

10. Chai aus weißer Schokolade

Ergibt 4 Portionen.

Zutaten

- 3 1/2 Tassen warmes Wasser

- 1/2 Tasse Cashewnüsse

- 1/4 Tasse Mesquite-Pulver

- 3 Teelöffel Lucuma-Pulver

- 3 Teelöffel Xylit oder Süßstoff deiner Wahl

- 2 Teelöffel Kakaobutter

- 1 Teelöffel Maca-Pulver

- 1/2 Teelöffel Chai Masala Gewürzmischung oder nach Geschmack

Richtungen

a) Alles auf höchster Stufe ca. 1 Minute mixen.

b) In vorgewärmten Tassen servieren.

11. Milchige heiße Schokolade

Ergibt 3 Portionen.

Zutaten

- 2 1/2 Tassen warmes Wasser

- 1/4 Tasse Johannisbrotpulver

- 1/4 Tasse Lucuma-Pulver

- 1 kleiner Stab Kakaobutter

- 2 Teelöffel Kokosblütenzucker

- 2 Teelöffel Cashewnüsse oder 2 Teelöffel Nussbutter

Richtungen

a) Alles auf höchster Stufe mixen, bis es warm und glatt ist.

b) In vorgewärmten Tassen servieren.

12. Heiße Chilischokolade

Ergibt 4 Portionen.

Zutaten

- 3 Tassen warmes Wasser

- 1 Tasse Cashews

- 1/2 Tasse Honig oder Süßungsmittel deiner Wahl

- 1/4 Tasse Kakaopulver

- 1 kleiner Stab Kakaobutter oder Kokosöl

- 1 Prise Salz

- Chili nach Geschmack

Richtungen

a) Alles auf hoher Stufe ca. 1 Minute mixen und in vorgewärmten Tassen servieren.

13. Toast mit Avocado und Ei

Zutaten

- $\frac{1}{4}$ Avocado entkernt und geschält
- 1 Scheibe Vollkornbrot oder Brot nach Wahl
- Meersalz nach Geschmack
- Frisch gemahlener schwarzer Pfeffer nach Geschmack
- Spiegeleier
- $\frac{1}{2}$ Esslöffel Butter
- 1 Ei
- Rührei
- $\frac{1}{2}$ Esslöffel Butter
- 2 Eier
- Gekochte Eier
- 2 Eier
- Pochierte Eier
- 2 Teelöffel weißer Essig
- 1 Ei

Richtungen

a) Das Brot in einem Toaster goldbraun und knusprig rösten, das Avocadoviertel auf den Toast legen, in Scheiben schneiden und auf dem Toast pürieren. Mit Eiern nach Wahl garnieren und mit Salz und Pfeffer abschmecken.

b) Für Spiegeleier: Butter in einer beschichteten Pfanne bei mittlerer Hitze erhitzen, bis sie heiß ist. Brechen Sie das Ei auf die Pfanne und reduzieren Sie sofort die Hitze auf niedrig. Unbedeckt kochen, bis das Eiweiß vollständig gestockt und das Eigelb nach Belieben eingedickt ist, etwa 5-7 Minuten.

c) Für Rührei: Butter in einer beschichteten Pfanne bei mittlerer Hitze erhitzen, bis sie heiß ist. Die Eier in einer kleinen Schüssel verquirlen, dann vorsichtig in die Mitte der Pfanne gießen. Wenn die Ränder zu stocken beginnen, falten Sie die Eier vorsichtig zusammen, bis die Eier durchgegart sind, etwa 2-3 Minuten.

d) Für gekochte Eier: Legen Sie die Eier in einen Topf. Gießen Sie kühles Wasser über die Eier, bis sie vollständig untergetaucht sind. Bringen Sie das Wasser zum Kochen, reduzieren Sie dann die Hitze auf ein niedriges Niveau und kochen Sie es je nach gewünschtem Gargrad: 4 Minuten für WEICH gekocht; 6 Minuten für MEDIUM gekocht; 12 Minuten für HART gekocht. Bereiten Sie eine Schüssel mit Eiswasser vor. Übertragen Sie die gekochten Eier in Eiswasser, um sie vor dem Schälen vollständig abzukühlen.

e) Für pochierte Eier: Einen großen Topf mit Wasser zum Kochen bringen. Schlagen Sie ein Ei in eine kleine Schüssel. Essig in das Wasser rühren und mit dem kochenden Wasser einen Strudel erzeugen. Reduzieren Sie die Hitze, sodass das Wasser am Boden des Topfes brodelt. Dann das Ei vorsichtig in die Mitte des Topfes geben und je nach gewünschtem Gargrad 3-4 Minuten garen. Das Ei mit einem Schaumlöffel herausnehmen.

14. Speck, Ei und Käse-Muffin

Zutaten

- 5 große Eier
- 1/4 lb. (125 g) knusprig gegarter Speck, zerkrümelt
- 1 Tasse geriebener Cheddar oder jeder Käse, den Sie mögen
- Salz und frisch gemahlener Pfeffer nach Geschmack
- 1/2 Teelöffel italienische Gewürze
- 1/2 Teelöffel zerdrückte Chiliflocken

Richtungen

a) Um die käsigen Speck-Ei-Muffins zuzubereiten: Heizen Sie Ihren Backofen auf 200 °C (400 °F) vor.

b) Fetten Sie eine 6er-Muffinform mit Öl oder Antihaft-Kochspray ein. Beiseite legen. Eier in einer großen Rührschüssel aufschlagen und mit Salz und schwarzem Pfeffer verquirlen.

c) Rühren Sie gekochten Speck, Cheddar-Käse, italienische Gewürze und rote Chiliflocken (falls verwendet) ein.

d) Gleichmäßig auf Muffinförmchen verteilen, die jeweils etwa 2/3 voll sind. Nach Belieben mit mehr Bacon und Käse belegen. Backen Sie die Eiermuffins im vorgeheizten Ofen für 12-15 Minuten oder bis sie fest sind.

15. Frühstücksauflauf mit Speck und Ei

PORTIONEN 10

Zutaten

- 1 Pfund Speck, in 1/2-Zoll-Streifen geschnitten
- 1 gelbe Zwiebel gewürfelt
- 1 rote Paprikakerne entfernt und gewürfelt
- 3 Knoblauchzehen gehackt
- 12 große Eier
- 1 Tasse Milch
- 3 Tassen gefrorene Kartoffelwürfel Sie müssen die Kartoffeln nicht auftauen oder kochen
- 2 Tassen geriebener Cheddar-Käse geteilt
- 1 1/2 Teelöffel Salz
- 1/2 Teelöffel schwarzer Pfeffer
- 2 Frühlingszwiebeln gehackt

Richtungen

a) Heizen Sie den Ofen auf 350 ° F. Fetten Sie eine 9x13-Backform mit Antihaft-Kochspray ein und stellen Sie sie beiseite.

b) Bacon in einer großen Pfanne bei mittlerer Hitze unter gelegentlichem Rühren anbraten. Kochen, bis es ein schönes knuspriges Braun ist. Speck mit einer Schaumkelle herausnehmen und auf einen mit Küchenpapier ausgelegten Teller legen. Den Speck grob hacken und beiseite stellen.

c) Zwiebel und Paprika in die Pfanne geben und bei mittlerer Hitze garen, bis sie weich sind. Fügen Sie den Knoblauch hinzu und kochen Sie ihn 2 Minuten lang. Beiseite legen.

d) In einer großen Schüssel die Eier schlagen und die Milch einrühren. Rühren Sie das gekochte Gemüse, die Kartoffeln und 1 Tasse geriebenen Käse ein. $\frac{3}{4}$ Tasse Bacon beiseite stellen und den Rest unterrühren. Mit Salz und Pfeffer würzen.

e) Gießen Sie die Mischung in die vorbereitete Auflaufform und bedecken Sie den restlichen Käse und die Frühlingszwiebeln. 20 Minuten backen, damit die Eier beginnen, sich zu setzen. Den restlichen Speck vorsichtig oben auf den Auflauf geben. Weitere 20 bis 30 Minuten backen oder bis die Eier fest und die Oberseite leicht goldbraun ist. 10 Minuten stehen lassen. In Quadrate schneiden und warm servieren.

16. Karibischer Haferbrei

Zutaten

- 1 Tasse Haferflocken
- 3 Tassen Wasser, geteilt
- 1 Stange Zimtstange
- 1/4 Tasse Rosinen, gespült
- 1/2 Teelöffel frisch geriebene Muskatnuss
- 2 Esslöffel Zucker, mehr nach Geschmack
- 1/4 Tasse Vollmilch, mehr nach Geschmack

Richtungen

a) Haferflocken 4 Minuten in 1 Tasse Wasser einweichen.

b) Während die Haferflocken einweichen, die restlichen 2 Tassen Wasser und die Zimtstange bei mittlerer Hitze zum Kochen bringen.

c) Wenn das Wasser kocht, fügen Sie die eingeweichten Haferflocken zusammen mit der restlichen Einweichflüssigkeit hinzu.

d) Die gewaschenen Rosinen unterrühren und auf schwache Hitze reduzieren.

e) Decken Sie den Topf ab und kochen Sie für 5 bis 6 Minuten oder bis die Mischung sehr dick wird.

f) Vom Herd nehmen und die Zimtstange wegwerfen. Frisch geriebene Muskatnuss, Zucker und Vollmilch unterrühren.

VORSPEISE UND SNACKS

17. Geschnittene Gurkengurken

Ergibt etwa 1 Tasse

Zutaten

- 1 Tasse Gurke, in $\frac{1}{4}$-Zoll-Scheiben geschnitten

- 1 Teelöffel Zwiebelpulver

- 2 Esslöffel Zitronensaft

Richtungen

a) Mischen Sie die Zutaten in einer Rührschüssel. Unter Druck in eine Gurkenpresse geben.

b) Oder stellen Sie einen Teller über die Mischung in der Schüssel und stapeln Sie schwere Teller darauf.

c) Einen Tag bei Zimmertemperatur stehen lassen.

d) Diese hält sich mehrere Tage im Kühlschrank.

18. Kandierte Yamswurzeln

serviert 4

Zutaten:

- 4 Yamswurzeln oder Süßkartoffeln, geschält

- 1 oder 2 Esslöffel roher Honig oder roher Agavendicksaft

Richtungen

a) In einer Küchenmaschine mit S-Klinge die Yamswurzeln zu einer glatten Masse verarbeiten.

b) Fügen Sie den Süßstoff nach und nach hinzu, verarbeiten Sie ihn jedes Mal, wenn Sie ihn hinzufügen, und probieren Sie ihn dann, bis die gewünschte Süße erreicht ist.

19. Gefüllte Avocados mit Krautsalat

Portionen: 4

Zutaten

- 2 Tassen zerkleinerter Rotkohl

- 3/4 Tasse geriebene Karotte

- 1/2 Tasse geriebene rote Zwiebel

- Saft von 1 Limette

- 2 Avocados, halbiert und entkernt

Richtungen

a) Mischen Sie in einer mittelgroßen Schüssel beide Kohlköpfe, die Karotte und die rote Zwiebel

b) Den Limettensaft über die Kohlmischung gießen und vermengen.

c) Schaufeln Sie vorsichtig ein Loch in jede Avocadohälfte. Mit dem Krautsalat füllen und genießen!

20. Rohe Zucchinirollen

Portionen: 3

Zutaten

- 1 mittelgroße Zucchini

- 150 g Cashew-Frischkäse

- 2 Esslöffel Zitronensaft

- 5 frische Basilikumblätter

- Handvoll Walnüsse

Richtungen

a) In einer Schüssel Cashewkäse mit Zitronensaft und frisch gehacktem Basilikum mischen.

b) Fügen Sie eine Handvoll gehackte Nüsse hinzu.

c) Mit einem Sparschäler lange Streifen aus der Zucchini schneiden

d) Auf jeden Streifen etwa 1 Teelöffel Käsemischung geben.

e) Die Zucchinistreifen über der Käsemischung rollen und mit frischem Basilikum garnieren.

21. Gefüllte Champignons mit Cashew-Pesto

Portionen 12 Pilze

Zutaten

- 10 Unzen. Ganze Cremini-Pilze, Mittelstiele entfernt

- 15-20 große Basilikumblätter

- Saft und Schale von 1 Zitrone

- 2/3 Tasse rohe Cashewnüsse

- Schwarzer Pfeffer nach Geschmack

Richtungen

a) In einer Küchenmaschine oder einem Mixer Basilikum, Zitronensaft und Cashewnüsse mischen.

b) Mit Pfeffer und Puls-Küchenmaschine würzen, bis sie grob gehackt sind.

c) Mixen, bis das Pesto glatt und cremig ist, etwa 30 Sekunden lang.

d) Die Pilzköpfe mit der offenen Seite nach oben auf eine Servierplatte legen. Das Pesto in die Pilzköpfe geben.

e) Mit Zitronenzeste toppen und mit einer ganzen Cashewnuss garnieren.

22. Avocado-Caprese-Salat

Portionen: 6 Portionen

Zutaten

- 4 mittelgroße Urtomaten

- 3 mittelgroße Avocados

- 1 großer Bund frischer Basilikum

- 1 Zitrone entsaftet

Richtungen

a) Schneiden Sie die Avocado um den Äquator herum und entfernen Sie den Kern. In Ringe schneiden, dann die Schale entfernen.

b) Avocadoscheiben leicht in Zitronensaft schwenken.

c) Tomaten in Scheiben schneiden.

d) Tomatenscheiben, Avocadoscheiben und Basilikumblätter schichten. Genießen!

23. Rohe Taco-Boote

Portionen 4

Zutaten

- 1 Kopf Römersalat

- 1/2 Tasse roher Rüben-Hummus

- 1 Tasse halbierte Kirschtomaten

- 3/4 Tasse dünn geschnittener Rotkohl

- 1 mittelreife Avocado (gewürfelt)

Richtungen

a) Salatschiffchen auf einer Servierplatte anrichten und mit 1-2 Esslöffeln (15-30 g) Hummus füllen.

b) Dann mit Tomaten, Kohl und Avocado belegen.

24. Apfel-Nachos

Ausbeute: 1

Zutaten

- 2 Äpfel nach Wahl

- ⅓ Tasse natürliche Nussbutter

- eine kleine Handvoll Kokosraspeln

- Zimt bestreuen

- 1 Esslöffel Zitronensaft

Richtungen

a) Äpfel: Waschen, entkernen und schneiden Sie Ihre Äpfel in $\frac{1}{4}$-Zoll-Scheiben.

b) Die Apfelscheiben mit dem Zitronensaft in eine kleine Schüssel geben und durchschwenken.

c) Nussbutter: Erhitzen Sie Ihre Nussbutter, bis sie warm und leicht flüssig ist.

d) Das Nussmus in kreisenden Bewegungen von der Tellermitte zum äußeren Rand träufeln.

e) Mit Kokosflocken bestreuen und mit Zimt bestreuen.

25. Kakao Crunch

Zutaten:

- 3 Tassen Buchweizen, aktiviert und getrocknet

- 1 Tasse Kakaonibs

- 1 Tasse Rosinen

- 1 Tasse Kakaopaste (240 g feste Masse)

- 2 Tassen Kakaobutter (480 g feste Butter)

- 1/2 Tasse Lucuma-Pulver

- 1 Tasse Kokoszucker

- 1/2 Teelöffel Salz

Richtungen

a) Legen Sie Buchweizen, Nibs und Rosinen in den Gefrierschrank, bevor Sie mit dem Schmelzen des Kakaos beginnen.

b) Schmelzen Sie die Kakaobutter und die Kakaopaste zusammen mit einem Wasserbad oder einem Wasserbad mit warmem Wasser.

c) Fügen Sie Lucuma, Kokoszucker und Salz hinzu und rühren Sie vorsichtig um, bis alles gut vermischt ist.

d) Nehmen Sie die Hitze ab.

e) Den kühlen Buchweizen, die Rosinen und die Nibs untermischen.

f) ständig rühren.

g) Wenn alles abkühlt, beginnt die gesamte Mischung zu verdicken.

h) An diesem Punkt, arbeiten Sie sehr schnell mit Ihren Händen, zerkrümeln Sie die beschichtete Mischung in beliebige Schalen (wir verwenden unsere festen Plattentrocknerschalen). Das Müsli wird jetzt auf Zimmertemperatur gebracht, aber du kannst es für etwa 15 Minuten im Kühlschrank oder Gefrierschrank kühlen, um den Vorgang zu beschleunigen.

i) In einem luftdichten Behälter an einem kühlen, dunklen Ort aufbewahren, im Sommer vielleicht im Kühlschrank.

j) Füllt ein 3-Liter-Glas.

26. Chili-Poppers

Ergibt 12 Poppers.

Zutaten

- 12 frische Jalapeno-Chilis

- 1/2 Tasse cremiger Nusskäse

- 1/3 Tasse goldene Leinsamen, gemahlen

- 1/3 Tasse Wasser

Richtungen

a) Schneiden Sie die Seite der Chili.

b) Mit einem kleinen Löffel die Kerne herauskratzen.

c) Mit einem Spritzbeutel den cremigen Käse in jede Chili auspressen.

d) Mischen Sie die Leinsamen und das Wasser etwa 45 Sekunden lang auf hoher Stufe, um einen glatten Teig zu erhalten.

e) Tauchen Sie jede Chili in den Teig. Fügen Sie dem Teig mehr Wasser hinzu, wenn er zu dick wird.

f) 24 Stunden trocknen oder bis sie knusprig sind.

27. Napa-Chips mit Käse und Zwiebeln

Ergibt etwa 5 Schüsseln.

Zutaten

- 750 g Chinakohl, gerieben

- 2 Tassen Cashewnüsse

- 1 Tasse Wasser

- 1/4 Tasse Nährhefe

- 1/4 Tasse Zwiebel

- 2 Teelöffel Zitronensaft

- 2 Teelöffel scharfes Senfpulver

- 1 Teelöffel Knoblauch, gehackt - optional

- 1/2 Teelöffel weißer Pfeffer – optional

- grobes Salz zum Mahlen am Ende

Richtungen

a) Alle Zutaten, außer Kohl und Salz, bei hoher Geschwindigkeit etwa 1 Minute glatt rühren.

b) Zum Chinakohl geben und einmassieren.

c) Auf feste Trocknertücher legen und grobes Salz darüber . mahlen.

d) 12 Stunden trocknen und von den fixierten Platten lösen.

e) Auf den Blechen weitere 24-48 Stunden trocknen oder bis sie sehr knusprig sind.

f) In einem luftdichten Behälter an einem kühlen, dunklen Ort aufbewahren.

28. Karamellisierte Nüsse

Ergibt 4 Tassen.

Zutaten

- 3 Tassen gemischte Nüsse und Samen – Mandeln, Haselnüsse, Kürbis und Sonnenblumen

- 1 Tasse Rosinen

- 1/2 Tasse Wasser

- 1/2 Teelöffel Zimt

- 1 Teelöffel Sesam

- 1 Prise Salz

Richtungen

- Alle Nüsse und Samen in eine Schüssel geben und beiseite stellen.

a) Alles andere mixen, bis es glatt ist.

b) Die Mischung über die Kerne und Nüsse gießen und gut vermischen. Stellen Sie sicher, dass alles gut bedeckt ist.

c) Auf festen Geschirrtüchern ausbreiten.

d) Sesamsamen darüber streuen und für etwa 24 Stunden in den Dehydrator geben.

e) Von den festen Platten lösen und weitere 16-24 Stunden trocknen.

HAUPTKURS

29. Rohe Wraps

3 dient

Zutaten

- 3 Spinat-Wraps

- 1 Avocado

- Saft von 1 Zitrone

- 1 große Rübe

- 1 große Zucchini

Richtungen

a) Rüben und Zucchini auf einer Mandoline, einer Käsereibe oder einem Spiralschneider in dünne Scheiben schneiden. Zur Seite legen.

b) Zerdrücken Sie das Avocadofleisch mit dem Zitronensaft, bis Sie eine ziemlich glatte Mischung erhalten. Verteilen Sie dies über alle Ihre Wraps.

c) Dann das dünn geschnittene Gemüse hineinlegen und fest, aber sanft einwickeln.

d) 5 Minuten ruhen lassen, dann mit einem scharfen Messer halbieren und genießen!

30. Ungekochte Bällchen ohne Fleisch

Zutaten

- 1 Tasse rohe Sonnenblumenkerne

- $\frac{1}{2}$ Tasse + 1 Esslöffel rohe Mandelbutter

- 4 sonnengetrocknete Tomaten, eingeweicht

- 3 Esslöffel frischer Basilikum, gehackt

- 1 TL Nussöl

Richtungen

a) Kombinieren Sie alle Zutaten in der Küchenmaschine und mixen Sie, bis die Mischung eine raue Textur erreicht.

b) Geben Sie die Mischung in gehäufte Teelöffel und formen Sie jede Kugel.

c) Diese Mischung kann als Bällchen über rohen Zucchini-Nudeln serviert werden.

31. Rohe Karottennudeln

Portionen: 6

Zutaten:

- 5 große Karotten, geschält und spiralisiert

- 1/3 Tasse Cashewnüsse

- 2 Esslöffel frischer Koriander, gehackt

- 1/3 Tasse Ingwer-Limetten-Erdnusssauce oder eine andere rohe Sauce

Richtungen

a) Alle Karottennudeln in eine große Servierschüssel geben.

b) Die Ingwer-Limetten-Erdnusssauce über die Nudeln gießen und vorsichtig schwenken

c) Mit Cashewnüssen und frisch gehacktem Koriander servieren.

32. Zucchini Pasta

Zutaten:

- 1 Zucchini

- 1 Tasse Tomaten

- 1/2 Tasse sonnengetrocknete Tomaten

- 1.5 Medjool-Datteln

Richtungen

a) Schneiden Sie die Zucchini mit einem Spiralschneider oder Julienneschäler in Nudelformen.

b) Die restlichen Zutaten in einem Hochleistungsmixer pürieren und mixen.

33. Scheinsalat-Sandwich

Ergibt 4 Portionen

Zutaten:

- 1 Portion Aioli-Mayonnaise

- 3 Tassen Karottenpaste

- 1 Tasse gehackter Sellerie

- $\frac{1}{4}$ Tasse gehackte gelbe Zwiebel

- 2 Scheiben Brot

Richtungen

a) Aioli-Mayonnaise, Karottenmark, Sellerie und Zwiebel in einer Rührschüssel vermischen. Gut mischen.

b) Stellen Sie Ihre Sandwiches zusammen, indem Sie ein Viertel der Mischung zwischen zwei Scheiben Brot schaufeln.

c) Mit Tomatenscheiben und Eisbergsalat garnieren. Wiederholen Sie dies, um die restlichen Sandwiches zuzubereiten.

d) Die zusammengesetzten Sandwiches halten sich einige Stunden. Scheinthunfischsalat hält sich 2 Tage, wenn er separat gekühlt wird

34. Blumenkohl Brokkoli 'Reis'

Portionen: 2-3 Portionen

Zutaten

- 1 Kopf Blumenkohl

- 2 Tassen Brokkoli, gehackt

- 3 Frühlingszwiebeln

- $\frac{3}{4}$ Tasse Paprika, gehackt

- $\frac{1}{4}$ Tasse Edamame

Richtungen

a) Den Blumenkohl in Röschen teilen und gut abspülen.

b) Schneiden Sie die Röschen in kleinere Stücke und geben Sie jeweils ein paar Handvoll in die Küchenmaschine.

c) Etwa 5-10 Sekunden lang pulsieren, wenn Sie einen Mixer verwenden, drücken Sie den Blumenkohl mit einem Stößel nach unten.

d) Die Blumenkohlmischung in eine Schüssel geben und die restlichen Zutaten unterrühren.

e) Mindestens 30 Minuten ruhen lassen, gelegentlich umrühren.

35. Zucchini-Nudeln mit Kürbiskernen

1-2 Portionen

Zutaten

- 2 kleine Zucchini

- 1/4 Tasse rohe Kürbiskerne

- 2 Esslöffel Nährhefe

- 1/4 Tasse Basilikumblätter/andere frische Kräuter

- So viel Nussmilch oder Wasser wie nötig

Richtungen

a) Für die Nudeln die Zucchini auf einer Mandoline oder einem Spiralschneider in Scheiben schneiden. In einer großen Schüssel beiseite stellen.

b) Für die Sauce alle Zutaten glatt pürieren (Wasser oder Nussmilch langsam zugeben).

c) Die Sauce in die Nudeln einmassieren, bis sie gleichmäßig bedeckt sind.

d) Lassen Sie sie eine Minute ruhen, damit sie weicher werden und marinieren.

36. Vegane Frühlingsrollen

Portionen 4 Portionen

Zutaten

- 6 Reispapierhüllen

- 1 Karotte in Julienne schneiden

- 1/2 mittelgroße Gurke in Julienne schneiden

- 1 rote Paprika in Julienne geschnitten

- 100 Gramm oder 1 Tasse Rotkohl, in Scheiben geschnitten

Richtungen

a) Beginnen Sie damit, das Reispapier gemäß den Anweisungen auf der Packung einzuweichen.

b) Bereiten Sie das gesamte Gemüse vor, bevor Sie die Brötchen zusammensetzen.

c) Legen Sie Ihre erste Packung auf ein Schneidebrett und legen Sie eine kleine Portion Ihrer Gemüsescheiben sehr fest darauf

d) Fest zusammenrollen, genau wie ein Burrito, und die Seiten der Reispapierrolle in der Mitte falten.

e) Jede Rolle halbieren und servieren.

37. Pilze mariniert mit Zitrone und Petersilie

2 dient

Zutaten

- 6 c. weiße Pilze

- $\frac{1}{2}$ von 1 süßen weißen Zwiebel

- $\frac{1}{2}$ c. gehackte Petersilie

- $\frac{1}{4}$ c. Zitronensaft

- $\frac{1}{4}$ c. Nussöl

Richtungen

a) Alle Zutaten für die Marinade in einer kleinen Schüssel vermischen.

b) Hacken Sie jeden Pilz etwa $\frac{1}{4}$ Zoll dick und legen Sie ihn in eine große Schüssel.

c) Gießen Sie die Marinade über die Zutaten und mischen Sie, bis sie vollständig bedeckt sind.

d) Leeren Sie die Pilze in einen 1-Gallonen-Ziploc-Gefrierbeutel und drücken Sie so viel Luft wie möglich heraus.

e) Die Pilze mindestens 4 Stunden kühl stellen. Entferne den Beutel etwa einmal pro Stunde und drehe ihn um, um die Zutaten ein wenig umzurühren.

f) Nach ausreichender Zeit aus dem Kühlschrank nehmen, servieren und genießen.

38. Linguine Arrabbiata

Ergibt 4 Portionen.

Zutaten

Für die Soße:

- 1 Tasse Babytomaten

- 1 Tasse sonnengetrocknete Tomaten, eingeweicht

- 1 Tasse rote Zwiebel, gehackt

- 1/4 Tasse Datteln, eingeweicht

- 1/2 Tasse Olivenöl

- 1 Teelöffel Miso

- 1 Teelöffel Salz

- Chili nach Geschmack

Für das Gemüse:

- 4 Tassen gemischtes hartes Gemüse, wie Babykürbis oder Zucchini, Süßkartoffel und Butternuss

Richtungen

Soße:

a) Alles auf hoher Stufe etwa 30 Sekunden lang in einem Hochgeschwindigkeitsmixer oder 60 Sekunden lang in einem normalen Mixer mixen, bis es glatt ist.

b) Lässt sich gut einfrieren oder einige Tage im Kühlschrank aufbewahren.

Gemüse:

a) Spiralisieren Sie das Gemüse zu Linguine oder verwenden Sie einen Gemüseschäler, um Fettuccine-Streifen zu machen.

b) Die Linguini zum Durchwärmen in warmem Wasser einweichen.

c) Die Arrabbiata-Sauce in eine Pfanne geben und unter ständigem Rühren vorsichtig erhitzen.

d) Das Gemüse abtropfen lassen und mit der Soße mischen.

39. Kater-Garnelen

Ausbeute: 1 Portionen

Zutat

- 32 Unzen V-8-Saft
- 1 Dose Bier
- 3 Jalapeño-Paprikaschoten (oder Habaneros)
- 1 große Zwiebel; gehackt
- 1 Teelöffel Salz
- 2 Knoblauchzehen; gehackt
- 3 Pfund Garnelen; geschält und entdarmt

Richtungen

a) Alle Zutaten, außer Garnelen, in einen großen Topf geben und zum Kochen bringen.

b) Garnelen hinzufügen und vom Herd nehmen. Etwa 20 Minuten stehen lassen. Garnelen abtropfen lassen und kalt stellen.

c) Formatiert und gesprengt von Carriej999@...

40. Lammwurstbrötchen mit Harissa-Joghurt

Zutaten

- 2 Esslöffel natives Olivenöl extra
- 1 weiße Zwiebel, fein gehackt
- 3 Knoblauchzehen, zerdrückt
- 1 Esslöffel fein gehackter Rosmarin
- 1 Teelöffel Kreuzkümmel, zerkleinert, plus extra
- 500 g Lammhackfleisch
- 3 Blätter gefrorener Butterblätterteig, aufgetaut
- 1 Ei, leicht geschlagen
- 250 g dicker griechischer Joghurt
- 1/4 Tasse (75 g) Harissa- oder Tomaten-Chutney
- Mikrominze zum Servieren (optional)

Richtungen

a) Ofen auf 200C vorheizen. Öl in einer Bratpfanne bei mittlerer Hitze erhitzen. Zwiebel hinzufügen und 3-4 Minuten kochen, bis sie weich sind. Knoblauch, Rosmarin und Kreuzkümmel hinzufügen und 1-2 Minuten kochen, bis sie duften. Vom Herd nehmen, 10 Minuten kalt stellen und dann mit dem Hackfleisch vermischen.

b) Teilen Sie die Mischung auf die Teigblätter und legen Sie sie an einer Kante entlang, um eine Stange zu bilden. Zum Umschließen aufrollen und die letzten 3 cm der Teigüberlappung mit Eigelb bestreichen. Teig verschließen und zuschneiden.

c) Mit der Naht nach unten auf ein mit Backpapier ausgelegtes Backblech legen und 10 Minuten einfrieren. Dadurch lassen sie sich leichter schneiden.

d) Jede Rolle in 4 Teile schneiden und auf dem Blech lassen. Mit Eigelb bestreichen und mit extra Kreuzkümmel bestreuen. 30 Minuten backen oder bis der Teig goldbraun und die Brötchen durchgebacken sind.

e) Harissa durch den Joghurt schwenken und mit den mit Minze bestreuten Wurstbrötchen servieren.

SUPPEN

41. Tschechische Knoblauchsuppe

Portionen: 4

Zutaten

- $\frac{1}{2}$ Esslöffel ungesalzene Butter
- 6 bis 8 Knoblauchzehen, zerdrückt (Sie können auch mehr verwenden, wenn Sie möchten!)
- 6 Tassen Hühner-, Rindfleisch- oder Gemüsebrühe oder Brühe
- Koscheres Salz und frisch gemahlener schwarzer Pfeffer
- 1 Pfund (etwa 2 mittelgroße bis große) festkochende Kartoffeln (weiß, gelb oder rot – nicht rotbraun), geschält und gewürfelt
- 1 Teelöffel getrockneter Majoran
- 1 Teelöffel Kümmel
- 1 großes Ei, geschlagen (optional)
- 3 Unzen (3 bis 4 Scheiben) Roggenbrot, gewürfelt
- 1 Teelöffel Olivenöl oder Olivenölspray
- 4 Unzen gewürfelter Käse, Emmentaler, Greyerzer oder Camembert – Rinde entfernt (optional)
- 2 Esslöffel fein gehackte Petersilie

Richtungen

a) Die Butter in einer mittelgroßen Pfanne bei mittlerer Hitze schmelzen und den Knoblauch hinzufügen.

b) Kochen, bis es weich und aromatisch ist, etwa 4 bis 5 Minuten. Die Brühe hinzufügen und bei starker Hitze zum Kochen bringen.

c) Beim Kochen mit Salz und Pfeffer würzen, dann die gewürfelten Kartoffeln, den Majoran und den Kümmel hinzufügen. Hitze reduzieren und zugedeckt 15 bis 20 Minuten köcheln lassen, bis die Kartoffeln weich sind. Passen Sie die Gewürze nach Bedarf an.

d) Wenn Sie ein Ei hinzufügen, gießen Sie es langsam ein, während Sie die Suppe mischen, um Streifen aus gekochtem Ei zu erhalten.

e) In der Zwischenzeit einen Ofen oder Toaster auf 350 ° F erhitzen. Das gewürfelte Roggenbrot in eine kleine Blechpfanne geben und entweder mit Olivenöl beträufeln oder mit Olivenölspray besprühen und mit den Händen schwenken, um es zu beschichten.

f) Unter gelegentlichem Rühren etwa 10 bis 15 Minuten rösten, bis sie goldbraun und knusprig sind.

g) Servieren Sie die Suppe mit Croûtons und Petersilie und rühren Sie nach Belieben etwas Käse ein.

42. Kater-Suppe

Ausbeute: 6 Portionen

Zutat

- ½ Pfund polnische Wurst; dünn schneiden
- 2 Scheiben Speck
- 1 Zwiebel; gehackt
- 1 grüner Pfeffer; gehackt
- 4 Tassen Rinderbrühe
- 1 Dose 16-Unzen-Sauerkraut; gespült;
- 1 Tasse geschnittene frische Champignons
- 2 Stangen Sellerie; geschnitten
- 2 Tomaten; gehackt
- 2 Teelöffel Paprika
- 1 Teelöffel Kümmel
- ½ Tasse saure Sahne
- 2 Esslöffel Mehl

Richtungen

a) Im Schmortopf; Wurst und Speck kochen, bis die Wurst
braun und der Speck knusprig ist. Wurst und Speck
herausnehmen und abtropfen lassen; Tropfen aufheben.
Speck zerbröseln. Zum Bratenfett Zwiebel und grünen
Pfeffer hinzufügen; kochen, bis sie weich, aber nicht braun
sind. Fett ablassen. Kochwurst und Speck, Rinderbrühe,
Sauerkraut, Champignons, Sellerie, Tomaten, Paprika und
Kümmel unterrühren. Zum Kochen bringen; Hitze reduzieren.

b) Zugedeckt 45 Minuten köcheln lassen. In der Zwischenzeit Sauerrahm und Mehl mischen.

c) Etwa 1 Tasse der heißen Suppe nach und nach in die Sauerrahmmischung rühren.

d) Alles zurück in den Dutch Oven. Kochen und rühren, bis es eingedickt und sprudelnd ist.

e) Noch 1 Minute kochen und umrühren.

43. Koreanische Katersuppe

Zutaten

- 1 kg Rinderknochen
- Wasser

Richtungen

a) Die Rinderknochen mindestens 1 Stunde in kaltem Wasser einweichen, um das Blut herauszuziehen. Knochen kalt abspülen.

b) Legen Sie die Knochen in einen großen Topf mit kochendem Wasser. 5-10 Minuten kochen. Lassen Sie dann dieses Wasser ab, um überschüssiges Fett und Verunreinigungen zu entfernen.

c) Fügen Sie den Knochen erneut sauberes Wasser hinzu. Mindestens einen Tag köcheln lassen, bis eine milchige und dicke Brühe entsteht.

d) Die Brühe mehrere Stunden kalt stellen. Sie können sehen, wie Fett nach oben schwimmt und hart wird. Entfernen Sie das feste Fett von der Oberseite.

44. Rote-Bete-Suppe

Zutaten

- 1 große Rote Bete
- 1 Tasse Wasser
- 2 Prise Kreuzkümmelpulver
- 2 Prise Pfeffer
- 1 Prise Zimt
- 4 Prise Salz
- Spritzer Zitrone
- $\frac{1}{2}$ Esslöffel Ghee

Richtungen

a) Die Rote Beete kochen und dann schälen.

b) Mischen Sie mit dem Wasser und filtern Sie, falls gewünscht.

c) Die Mischung aufkochen, dann die restlichen Zutaten hinzufügen und servieren.

45. Gemischte Dal-Suppe

Zutaten

- 1/2 Tasse dal
- 1 ½ Tassen Wasser
- ½ Esslöffel Kurkuma
- 1 Esslöffel Öl
- ½ Esslöffel Senfkörner
- ½ Esslöffel Kreuzkümmel
- 5-6 Curryblätter
- ½ Esslöffel Ingwer – gerieben
- ½ Esslöffel Korianderpulver
- Asafetida kneifen
- Frisch geriebene Kokosnuss – optional
- Salz und Jaggery/brauner Zucker nach Geschmack
- Frischer Koriander

Richtungen

a) Wasser und Dal in einen großen Topf oder Schnellkochtopf geben und Kurkuma hinzufügen. Zum Kochen bringen und kochen, bis das Dal weich ist.

a) In einer separaten Pfanne das Öl erhitzen, die Senfkörner dazugeben, dann Kreuzkümmel, Curryblätter, Ingwer, Korianderpulver und Asafoetida.

b) Fügen Sie nach Geschmack Kokosnuss, Salz und Jaggery hinzu.

c) Mit frischem Koriander und Kokos garnieren.

46. Kuppelberuhigende Suppe

Zutaten

- 1 Esslöffel natives Olivenöl extra
- 1 gelbe Zwiebel, gewürfelt
- 2 Knoblauchzehen, gehackt
- 2 (9-Unzen) Beutel Babyspinat
- 1 Handvoll frische Minze, grob gehackt
- 2 Scheiben Ingwer, etwa so groß wie ein Viertel, geschält (optional)
- 1 Tasse Hühnerbrühe (verwenden Sie Gemüsebrühe oder Wasser, um dieses vegetarische Gericht zuzubereiten)
- 2 Prisen Salz

Richtungen

a) Das Öl in einem Topf bei mittlerer Hitze erhitzen. Zwiebel und Knoblauch dazugeben und braten, bis die Zwiebel glasig ist. Achten Sie darauf, den Knoblauch nicht zu verbrennen. Spinat, Minze und Ingwer hinzufügen, falls verwendet.

b) Wenn der Spinat zusammenzufallen beginnt, Brühe oder Wasser und Salz hinzugeben. Wenn der Spinat vollständig gekocht ist, vom Herd nehmen.

c) Mit einem Pürierstab pürieren oder portionsweise in einen Mixer geben und pürieren, bis es glatt ist.

47. Weißer KürbisundKokossuppe

Zutaten

- 1 mittelgroßer weißer Kürbis
- Kreuzkümmelsamen
- Curryblätter
- Frische Korianderblätter
- Salz und Zucker nach Geschmack
- Kokos nach Geschmack

Richtungen

a) Kochen Sie den Kürbis und mischen Sie ihn dann zu einer Flüssigkeit.

b) Mischen Sie das Kürbisfleisch und Wasser (vor dem Kochen aufbewahrt) bis zur gewünschten Dicke.

c) Kümmelsamen und Curryblätter zugeben.

d) Zucker und Salz nach Geschmack hinzufügen. Aufkochen.

e) Mit frischen Korianderblättern und Kokos garnieren.

48. Ganze Mung-Suppe

Zutaten

- ½ Tasse Mungobohnen, ganz
- 1 Tasse Wasser
- ¼ Esslöffel Kreuzkümmelpulver
- 4-6 Tropfen Zitrone
- ½ Esslöffel Pflanzenöl/Ghee – optional
- Nach Geschmack salzen

Richtungen

a) Weichen Sie die Mungobohnen über Nacht oder für 10 Stunden ein.

b) Die Mungobohnen im Wasser oder im Schnellkochtopf (2 Pfeifen) weich kochen.

c) Mischen Sie Mungobohnen und Wasser zusammen, bis sie glatt sind. Aufkochen.

d) Zitrone, Kümmelpulver, Ghee und Salz hinzufügen.

49. Goldene Kurkuma-Blumenkohlsuppe

Zutaten

- 6 gehäufte Tassen Blumenkohlröschen
- 3 Knoblauchzehen, gehackt
- 2 Esslöffel plus 1 Esslöffel Traubenkern-, Kokos- oder Avocadoöl, aufgeteilt
- 1 Esslöffel Kurkuma
- 1 Esslöffel gemahlener Kreuzkümmel
- $\frac{1}{8}$ Esslöffel zerkleinerte Paprikaflocken
- 1 mittelgroße gelbe Zwiebel oder Fenchelknolle, gehackt
- 3 Tassen Gemüsebrühe
- $\frac{1}{4}$ Tasse vollfette Kokosmilch, geschüttelt, zum Servieren

Richtungen

a) Ofen auf 450° vorheizen. Blumenkohl und Knoblauch in einer großen Schüssel mit 2 Esslöffel Öl vermengen, bis alles gut bedeckt ist.

b) Fügen Sie Kurkuma, Kreuzkümmel und Paprikaflocken hinzu und mischen Sie, um sie gleichmäßig zu beschichten. Blumenkohl in einer Schicht auf einem Backblech verteilen und 25–30 Minuten backen, bis er gebräunt und weich ist.

c) In der Zwischenzeit in einem großen Topf oder Dutch Oven 1 Esslöffel Öl bei mittlerer Hitze erhitzen. Fügen Sie die Zwiebel hinzu und kochen Sie sie 2–3 Minuten lang, bis sie durchscheinend ist.

d) Wenn der Blumenkohl fertig gebacken ist, aus dem Ofen nehmen. Reservieren Sie 1 Tasse für die Suppe. Restlichen Blumenkohl nehmen und in einen mittelgroßen Topf mit

Zwiebeln geben und mit Gemüsebrühe aufgießen. Zum Kochen bringen, dann zudecken und bei schwacher Hitze 15 Minuten kochen.

e) Die Suppe mit einem Stabmixer zu einem glatten Püree pürieren oder abkühlen lassen und portionsweise mit einem normalen Mixer pürieren.

f) Mit reserviertem geröstetem Blumenkohl und einem Spritzer Kokosmilch servieren.

50. Immunitätssuppe

Ertrag dient 8

Zutaten
- 2 Esslöffel Olivenöl
- 1 1/2 Tassen gehackte Zwiebel
- 3 Selleriestangen, in dünne Scheiben geschnitten
- 2 große Karotten, in dünne Scheiben geschnitten
- 1 Pfund vorgeschnittene, mit Vitamin D angereicherte Pilze
- 10 mittelgroße Knoblauchzehen, gehackt
- 8 Tassen ungesalzene Hühnerbrühe
- 4 Thymianzweige
- 2 Lorbeerblätter 1 (15-oz.) Dose ungesalzene Kichererbsen, abgetropft
- 2 Pfund hautlose Hähnchenbrust mit Knochen
- 1 1/2 Teelöffel koscheres Salz
- 1/2 Teelöffel zerstoßener roter Pfeffer
- 12 Unzen Grünkohl, Stiele entfernt, Blätter zerrissen

Richtungen
a) Öl in einem großen Dutch Oven bei mittlerer Hitze erhitzen
b) Fügen Sie Zwiebel, Sellerie und Karotten hinzu; kochen, gelegentlich umrühren, 5 Minuten. Pilze und Knoblauch hinzufügen; kochen, oft umrühren, 3 Minuten. Brühe, Thymian, Lorbeerblätter und Kichererbsen unterrühren; zum Kochen bringen. Fügen Sie Huhn, Salz und roten Pfeffer hinzu; abdecken und köcheln lassen, bis das Huhn fertig ist, etwa 25 Minuten.
c) Hähnchen aus dem Schmortopf nehmen; leicht abkühlen. Fleisch mit 2 Gabeln zerkleinern; Knochen wegwerfen. Hähnchen und Grünkohl in die Suppe rühren; abdecken und

köcheln lassen, bis der Grünkohl gerade weich ist, etwa 5 Minuten. Thymianzweige und Lorbeerblätter wegwerfen.

51. Spinatsuppe

2 dient

- 4 Zoll (10 cm) Gurke
- 2 Avocados
- 3 $\frac{1}{2}$ Unzen (100 g) Babyspinat
- 10-13 Flüssigunzen (300-400 ml) Wasser
- 2 Esslöffel Petersilie, gehackt
- $\frac{1}{2}$ Bund frischer Basilikum
- 2 Esslöffel Schnittlauch, gehackt
- $\frac{1}{2}$ Esslöffel Limettensaft eine Prise Salz

Richtungen

a) Gurke und Avocado in große Stücke schneiden.

b) Mischen Sie Spinat und Wasser in einem Mixer oder einer Küchenmaschine, beginnend mit 300 ml Wasser.

c) Restliche Zutaten dazugeben und erneut mixen. Fügen Sie nach und nach mehr Wasser hinzu, um die richtige Konsistenz zu erhalten, und probieren Sie, ob mehr Limette oder Salz benötigt wird.

52. Energiesuppe

1 Portion

Zutaten:

- 1 Stange Sellerie
- 1 Apfel
- ½ Gurke
- 1 ½ Unzen (40 g) Spinat ½ Tasse (100 ml) Alfalfa-Sprossen Esslöffel Zitronensaft
- ½ -2 Tassen (300-500 ml) Wasser
- ½ Avocado
- Kräutersalz nach Geschmack

Richtungen

a) Sellerie, Apfel und Gurke in Stücke schneiden.

b) Mischen Sie alle Zutaten außer der Avocado, beginnend mit 1½ Tassen (300 ml) Wasser. Avocado dazugeben und erneut pürieren.

c) Bei Bedarf mehr Wasser zugeben und mit Kräutersalz abschmecken.

53. Shiitake-Pilzsuppe

Ergibt 6 Portionen

Zutaten

- 6 Tassen getrocknete Shiitake-Pilze

- 10 Tassen Wasser

- 2 Esslöffel Nama Shoyu

- 1 Esslöffel frisch gehackter Schnittlauch

Richtungen

a) Pilze und Wasser in einen großen Behälter geben, abdecken und für etwa 8 Stunden in den Kühlschrank stellen.

b) Wenn Sie fertig sind, lassen Sie das Pilzwasser in eine andere Schüssel oder einen anderen Behälter ab.

c) Nama Shoyu in die Pilzbrühe einrühren.

d) Entfernen und entsorgen Sie die Stiele von den Pilzen und hacken Sie die Kappen.

e) Die gehackten Pilze in die Brühe geben und mit dem gehackten Schnittlauch toppen.

54. Rote Paprikasuppe

Ergibt 4 Portionen

Zutaten

- 16 rote Paprika, entkernt

- 2 reife Avocados, püriert

- 2 Esslöffel reiner Ahornsirup

- 1 Teelöffel fein geriebener Meerrettich

- Zwiebelpulver nach Geschmack

Richtungen

a) Die roten Paprikas auspressen und das Fruchtfleisch entfernen.

b) Messen Sie 6-7 Tassen Pfeffersaft in einer großen Schüssel ab.

c) Avocado, Ahornsirup und Meerrettich in den Saft einrühren, bis alles gut vermischt ist.

d) Mit dem Zwiebelpulver würzen.

55. Möhren-Ingwer Suppe

3 Portionen

Zutaten:

- $1\frac{1}{2}$ Tassen Karotten, fein gehackt

- 1 Esslöffel nicht pasteurisiertes weißes Miso

- 1 TL frische Ingwerwurzel, fein gehackt

- 1 Knoblauchzehe

- 2 Tassen reines Wasser

Richtungen

a) Mischen Sie alle Zutaten außer $\frac{3}{4}$ Tasse Karotten.

b) Die gemischten Zutaten über die Karotten gießen und servieren.

c) Dies ist großartig, um die Lungenkraft aufzubauen.

56. Pilz Suppe

Zutaten:

- 3 Tassen Portobello oder andere Gourmet-Pilze, in dünne Scheiben geschnitten

- 2 Tassen warmes Wasser

- 1 Tasse Petersilie

- 1/2 Tasse Olivenöl

- 1/4 Tasse Tamari

- 1 große Avocado

a) Pilze mit Olivenöl und Tamari in einer Schüssel mischen und ca. 1 Stunde stehen lassen, dabei gelegentlich wenden.

b) Avocado und heißes Wasser etwa 15 Sekunden lang glatt rühren.

c) Die Champignons mit Marinade und Petersilie in den Mixer geben und nur ein- bis zweimal pürieren. Macht etwa 1,5 Liter.

Salate

57. Kohl mit Cranberry

1 Portion

Zutaten:

- $\frac{1}{2}$ kleiner Kohlkopf
- 1 Esslöffel Olivenöl
- 2 Teelöffel Zitronensaft
- $\frac{1}{2}$ Esslöffel Apfelessig
- $\frac{1}{2}$ Tasse (100 ml) Preiselbeeren, frisch oder gefroren und aufgetaut
- $\frac{1}{4}$ Tasse (50 ml) Kürbiskerne, eingeweicht

Richtungen

a) Den Kohl fein raspeln und in eine Schüssel geben. Mit Olivenöl, Zitronensaft und Apfelessig aufgießen.

b) Mit den Händen mischen, bis der Kohl weich wird. Cranberrys und Kürbiskerne dazugeben und mischen.

58. Scharfer Gemüsesalat

Zutaten

- würzige Mischung – Öl erhitzen, Senfkörner hinzufügen, wenn sie aufplatzen, Kümmelsamen hinzufügen, dann Curryblätter und Asafoetida
- Salz und Zucker
- Zitronen-und Limettensaft
- Frische Korianderblätter
- Frisch geriebene Kokosnuss

Richtungen

a) Schneiden Sie frisches Gemüse und dämpfen Sie es bei Bedarf.
b) Fügen Sie alle anderen Zutaten nach Geschmack hinzu. Fügen Sie am Ende die würzige Basismischung hinzu. (in einer separaten Pfanne Öl erhitzen und die Gewürze hinzufügen, dann die Mischung zum Gemüse geben)
c) Alles miteinander vermischen und servieren.

59. Rote-Bete-Salat

Zutaten

- 1/2 Tasse gekochte Rote Beete – gehackt
- 1 Esslöffel Pflanzenöl
- 1/4 Esslöffel Senfkörner
- 1/4 Esslöffel Kreuzkümmel
- Prise Kurkuma
- 2 Prise Asafötida
- 4-5 Curryblätter
- Nach Geschmack salzen
- Zucker nach Belieben
- Frisch gehackte Korianderblätter

Richtungen

a) Öl erhitzen und Senfkörner dazugeben.

b) Wenn sie aufplatzen, fügen Sie den Kreuzkümmel, dann die Kurkuma, die Curryblätter und das Asafoetida hinzu.

c) Die Gewürzmischung zusammen mit Salz, Zucker und Korianderblättern zur Roten Beete geben.

60. KohlundGranatapfelsalat

Zutaten

- 1 Tasse Kohl – gerieben
- $\frac{1}{2}$ Granatapfel
- $\frac{1}{4}$ Esslöffel Senfkörner
- $\frac{1}{4}$ Esslöffel Kreuzkümmel
- 4-5 Curryblätter
- Prise Asafötida
- 1 Esslöffel Öl
- Salz und Zucker nach Geschmack
- Zitronensaft nach Geschmack
- Frische Korianderblätter

Richtungen

a) Granatapfel entkernen.

b) Granatapfel mit Kohl mischen.

c) Öl in einer Pfanne erhitzen und die Senfkörner hinzugeben. Wenn sie aufplatzen, fügen Sie die Kümmelsamen, Curryblätter und Asafoetida hinzu. Die Gewürzmischung zum Kohl geben.

d) Zucker, Salz und Zitronensaft nach Geschmack hinzufügen. Gut mischen.

e) Nach Belieben mit Koriander garnieren.

61. KarotteundGranatapfelsalat

Zutaten

- 2 Karotten – gerieben
- $\frac{1}{2}$ Granatapfel
- $\frac{1}{4}$ Esslöffel Senfkörner
- $\frac{1}{4}$ Esslöffel Kreuzkümmel
- 4-5 Curryblätter
- Prise Asafötida
- 1 Esslöffel Öl
- Salz und Zucker nach Geschmack
- Zitronensaft – nach Geschmack
- Frische Korianderblätter

Richtungen

a) Granatapfel entkernen.
b) Granatapfel mit Karotte mischen.
c) Öl in einer Pfanne erhitzen und die Senfkörner hinzugeben. Wenn sie aufplatzen, fügen Sie die Kümmelsamen, Curryblätter und Asafoetida hinzu. Die Gewürzmischung zur Karotte geben.
d) Zucker, Salz und Zitronensaft nach Geschmack hinzufügen. Gut mischen.
e) Nach Belieben mit Koriander garnieren.

62. Gurkensalat

Zutaten

- 2 Gurken – geschält und gehackt
- Zucker und Salz nach Geschmack
- 2 -3 Esslöffel geröstetes Mandelpulver – oder nach Geschmack
- 1 Esslöffel Öl
- 1/8 Esslöffel Senfkörner
- 1/8 Esslöffel Kreuzkümmel
- Prise Asafötida
- 4-5 Curryblätter
- Zitronensaft – nach Geschmack

Richtungen

a) Das Öl in einer Pfanne erhitzen. Die Senfkörner hinzufügen. Wenn sie aufplatzen, fügen Sie die Kümmelsamen, Asafoetida und Curryblätter hinzu.

b) Die Gewürzmischung zu den Gurken geben.

c) Mit Salz, Zucker und Zitrone abschmecken.

d) Das Mandelpulver dazugeben und gut vermischen.

63. Kater-Helfer-Salat

Zutaten:

- 3 Tassen gehacktes Gemüse
- $\frac{1}{4}$ Fenchelknolle, in dünne Scheiben geschnitten
- $\frac{1}{2}$ Tasse gehackte gekochte Brokkoliröschen
- $\frac{1}{2}$ Tasse gehackte Rüben
- 1 bis 2 Esslöffel natives Olivenöl extra
- Saft von $\frac{1}{2}$ Zitrone

Richtungen

a) Mischen Sie in einer großen Schüssel das Gemüse, den Fenchel, den Brokkoli und die Rüben.

b) Mit Olivenöl und Zitronensaft abschmecken.

64. Nudelwurf

Zutaten:

- 1 (16-Unzen) Packung Nudeln Ihrer Wahl
- 1 Esslöffel natives Olivenöl extra
- 2 Knoblauchzehen, gehackt
- 1 (14 Unzen) Dose Artischockenherzen, abgetropft und gehackt
- Frisch gemahlener schwarzer Pfeffer nach Geschmack

Richtungen

a) Einen großen Topf mit Wasser zum Kochen bringen. Nudeln zugeben und nach Packungsanweisung kochen.

b) Während die Nudeln kochen, Öl in einer großen Pfanne bei mittlerer Hitze erhitzen. Knoblauch zugeben und 1 Minute erhitzen. Artischocken hinzugeben und etwa 7 Minuten kochen, bis sie weich sind.

c) Wenn die Nudeln gar sind, abgießen und direkt in die Pfanne geben. Mit Gemüse mischen und nach Belieben mit schwarzem Pfeffer würzen.

65. Glück Salat

Zutaten:

- 2 Tassen Babyspinat
- $\frac{1}{2}$ Avocado, gewürfelt
- 1 Tasse Rüben, gewürfelt
- $\frac{1}{4}$ Tasse Haselnüsse
- 2 Esslöffel natives Olivenöl extra
- 1 Esslöffel Balsamico-Essig

Richtungen

a) Spinat, Avocado, Rüben und Haselnüsse in eine Schüssel geben. Dress mit Öl und Essig.
b) Werfen und genießen.

66. Daikon-Rettich-Salat

Zutaten

- 2 Rettich
- 3 Esslöffel geröstetes Chana Dal
- Zitrone nach Geschmack
- 1/2 Esslöffel Kreuzkümmelpulver
- Zucker nach Belieben
- Frische Korianderblätter
- Nach Geschmack salzen

Richtungen

a) Rettich fein raspeln, auch das Grün.
b) Alle Zutaten hinzufügen und gut vermischen.
c) Mit Koriander garnieren.

67. Roher Kürbissalat

Zutaten

- 1 Tasse geriebener Kürbis
- $\frac{1}{4}$ Esslöffel Senfkörner
- $\frac{1}{4}$ Esslöffel Kreuzkümmel
- 4-5 Curryblätter
- Prise Asafötida
- 1 Esslöffel Öl
- Salz und Zucker nach Geschmack
- Frische Korianderblätter

Richtungen

a) Öl in einer Pfanne erhitzen und die Senfkörner hinzugeben. Wenn sie aufplatzen, fügen Sie die Kümmelsamen, Curryblätter und Asafoetida hinzu.

b) Gewürzmischung zum geriebenen Kürbis geben.

c) Zucker hinzufügen, Salz abschmecken.

68. Rotkohl-Grapefruit-Salat

Portionen: 4

Zutaten:

- 4 Tassen dünn geschnittener Rotkohl

- 2 Tassen segmentierte Grapefruit

- 3 Esslöffel getrocknete Preiselbeeren

- 2 Esslöffel Kürbiskerne

Richtungen

a) Die Salatzutaten in eine große Rührschüssel geben und vermischen.

69. Süßer Rotkohlsalat

Ergibt 4 Portionen.

Zutaten:

- 4 Tassen Rotkohl, geraspelt

- 1 Tasse Äpfel, in dünne Scheiben geschnitten

- 1 Tasse Karotten, in Julienne geschnitten oder gerieben

- 1/2 Tasse Frühlingszwiebeln, in dünne Scheiben geschnitten

- 1/4 Tasse Rosinen oder Johannisbeeren

- 3 Teelöffel Olivenöl

- 2 Teelöffel Honig oder Agave

- 1 Teelöffel Essig, Trauben- oder Apfelwein

- 1 Prise Salz

- Pfeffer, frisch gemahlen nach Geschmack

Richtungen

a) Alle Zutaten in einer Schüssel mischen und bei Zimmertemperatur 2 Stunden unter häufigem Rühren marinieren lassen.

b) Alternativ alles mischen und über Nacht im Kühlschrank marinieren lassen.

70. Thailändischer Som-Thum-Salat

Ergibt 4-6 Portionen.

Zutaten:

- 1 Teelöffel frische Chili, in dünne Scheiben geschnitten

- 1 Teelöffel frischer Ingwer, gehackt

- 1 Teelöffel frischer Knoblauch, gehackt

- 1 Teelöffel Limetten- oder Zitronenschale

- 3 Teelöffel Limetten- oder Zitronensaft

- 1 Teelöffel Öl, heller Sesam oder Macadamianuss

- 1 Tasse Papaya, Späne

- 1/4 Teelöffel Salz

- 1 Tasse Gurke, in Julienne geschnitten

- 1 Tasse Daikon-Rettich, in Julienne geschnitten

- 1 Tasse frischer Koriander, grob gehackt

Richtungen

a) Alles außer der Papaya mischen und ca. 10 Minuten marinieren lassen.

b) Kurz vor dem Servieren die Papaya-Späne dazugeben und sehr vorsichtig wenden.

71. Cremiger Kürbiskern-Fenchel-Salat

Ergibt 2 Portionen.

Zutaten:

- 1 Tasse Fenchelknolle und -stiel, in dünne Scheiben geschnitten

- 1 Tasse Sellerie, in dünne Scheiben geschnitten

- 1 Tasse Kürbiskerne

- 1 Tasse Wasser

- 1/4 Tasse Zitronensaft

- 2 Termine

- 1/4 Teelöffel schwarzer Pfeffer

- 1/2 Teelöffel Salz

Richtungen

a) Fenchel und Sellerie in eine Schüssel geben und beiseite stellen.

b) Schlagen Sie die restlichen Zutaten, bis sie glatt sind, etwa 30 Sekunden.

c) Fenchel und Sellerie darüber gießen und darauf achten, dass alles bedeckt ist.

d) Zugabe: Samen wie Kürbis-, Sonnenblumen-, Sesam- oder Hanfsamen darüber streuen.

72. Baby Tomaten, rote Zwiebeln und Fenchelsalat

Ergibt 2-4 Portionen.

Zutaten:

- 1 ganzer Fenchel, Knolle und Blätter

- 2 Tassen Babytomaten

- 1/2 Tasse rote Zwiebel

- 1/4 Tasse Olivenöl

- 1 Teelöffel Kräutersalz

Richtungen

a) Fenchel und rote Zwiebel in dünne Scheiben schneiden.

b) Die Tomaten in 2-3 Stücke schneiden.

c) Alles zusammenwerfen.

d) Auf einem Bett aus Blättern oder einfach so servieren.

NACHTISCH

73. Weichkäsebrötchen

Ergibt 2 Rollen.

Zutaten

- 2 Tassen Macadamianüsse
- 1/3 Tasse Wasser
- 2 Teelöffel Zitronensaft
- 1/2 Teelöffel Salz

Richtungen

a) Geben Sie alle Zutaten in den Mixer und verwenden Sie den Stößel, um die Mischung fest in die Klingen zu drücken und auf hoher Stufe zu mixen, bis sie glatt ist, etwa 1 Minute.

b) Etwa 2 Stunden kühl stellen, damit die Mischung fest wird.

c) Bereiten Sie die Beschichtung vor, bevor Sie die Mischung aus dem Kühlschrank nehmen.

d) Hacken Sie Ihre Zutaten für die Beschichtung so fein wie möglich und verteilen Sie sie auf einem Brett.

e) Masse in 2 Teile teilen und grob zu Rollen formen.

f) Rollen Sie sie in der Beschichtung und servieren Sie sie.

g) 2-3 Tage im Kühlschrank aufbewahren.

74. Mini Karottenkuchen mit Orange

Ergibt 12-14 kleine Kuchen.

Zutaten

- 1 Tasse Dattelmarmelade - 50/50 entsteinte Datteln u
- 1 Tasse Orangensaft
- 1/2 Tasse Wasser
- 3 Teelöffel Kokosöl
- 2 Teelöffel Agave oder Honig
- 1/2 TL Vanillepulver
- 1/2 Tasse Rosinen
- 1 Teelöffel Ingwer, frisch entsaftet oder fein gehackt oder pulverisiert
- 2 Teelöffel Gewürzmischung
- 1 Teelöffel Orangenschale
- 1 Teelöffel Muskat
- 1 Teelöffel Salz

Glasur:

- 1/4 Teelöffel Salz

- 1/2 Tasse Cashewnüsse

Richtungen

a) Die Mandeln in einer Küchenmaschine mit der S-Klinge oder in einer schweren Plastiktüte mit einem Nudelholz zerkleinern.

b) Alle Kuchenzutaten in einer großen Schüssel vermischen.

c) Messen Sie 1/3 Tassenportionen auf festen Backblechen ab und formen Sie sie zu einzelnen Runden mit einer Dicke von etwa 10 mm.

d) Trocknen für ca. 6 Stunden, von den festen Platten lösen und weitere 2 Stunden trocknen.

e) 1Der Kuchen ist fertig, wenn er außen knusprig und innen saftig ist.

f) 1 Alle Zutaten für die Glasur in einem Hochleistungsmixer pürieren und auf den Kuchen verteilen. Du kannst die Kuchen einige Stunden im Kühlschrank fest werden lassen.

g) Mit geriebenen Karottenstreifen und geriebener Muskatnuss garnieren.

h) Ohne Zuckerguss 2 Tage im Kühlschrank haltbar.

75. Mini-Limetten-Törtchen

Ergibt etwa 14 Törtchen.

Zutaten

Krusten:

- 2 Tassen Samen und/oder Nüsse

- 1/2 Tasse Zitronensaft

- 1/2 Tasse Datteln, entsteint und gehackt

- 1/2 Tasse Honig

- 1/2 Tasse Kokosöl

- 1 Teelöffel Vanillepulver

- 1/2 Tasse Kakaobutter

- 1 Prise Salz

Füllung:

- 4 Avocados

Richtungen

Krusten:

a) Die Kakaobutter in einem Wasserbad schmelzen.

b) Die Kerne und/oder Nüsse in der Küchenmaschine mit dem S-Messer zu grobem Mehl verarbeiten.

c) Alle Krustenzutaten mischen und in flexible Silikonformen drücken.

d) Im Kühlschrank fest werden lassen und dann aus den Formen stürzen.

Füllung:

e) Alle Zutaten für die Füllung etwa 5 Minuten glatt rühren.

f) Die Füllung in jede kleine Tasse gießen und mit einem Strudel abschließen.

g) 6 Stunden in den Kühlschrank stellen.

h) Aus dem Kühlschrank servieren.

76. Mini-Kakao-Mousse-Kuchen

Zutaten

Kruste:

- 2 Tassen Samen und/oder Nüsse

- 1/2 Tasse Datteln, entsteint und gehackt

- 1/4 Tasse Kokosöl, geschmolzen

- 1 Prise Salz

Mousse:

- 6-10 Avocados

- 1 1/4 Tasse Kakaopulver

- 1 1/4 Tasse Honig oder Agave

- 2 Tropfen ätherisches Pfefferminzöl

Richtungen

Kruste:

a) Die Kerne und/oder Nüsse in einer Küchenmaschine mit S-Messer fein verarbeiten. Auch Hacken per Hand ist möglich!

b) Alle Zutaten für die Kruste in einer Schüssel mischen und kneten, bis sie klebrig und teigig sind.

c) In eine Springform drücken und den Boden gleichmäßig bedecken.

Mousse:

a) Geben Sie alle Mousse-Zutaten in Ihre Küchenmaschine mit S-Klinge und verarbeiten Sie sie etwa fünf Minuten lang.

b) Stellen Sie sicher, dass alles gut kombiniert und seidig glatt ist.

c) Gießen Sie die Mousse in die Form und kühlen Sie sie für 8 Stunden.

d) Hält sich gut ein paar Tage im Kühlschrank.

77. Schokoladen-Toffee

Ergibt etwa 40 Stück.

Zutaten

- 1 Tasse Datteln, entsteint

- 1 Tasse Kokosöl

- 1/2 Tasse Wasser

- 1/2 Tasse Kakaopulver

- 1 Teelöffel Vanillepulver

- 1 Prise Salz

Richtungen

a) Bedecken Sie die Datteln mit Wasser und lassen Sie sie weich werden – verwenden Sie warmes Wasser, um diesen Vorgang zu beschleunigen.

b) Alles zusammen in eine Küchenmaschine geben und mit dem S-Blade verarbeiten, bis es glatt und vermischt ist. Dies dauert bis zu 20 Minuten und ist die Zeit wert.

c) In eine flache Schüssel füllen und im Kühlschrank fest werden lassen.

d) Nach ca. 3-4 Stunden in Quadrate schneiden.

e) Bewahren Sie sie in einem luftdichten Behälter im Kühlschrank auf.

78. Roher Schokoladen-Avocado-Pudding

Ertrag: Für 2 Personen

Zutaten

Schokoladen-Avocado-Pudding-Basis

- 1 große Avocado (oder 2 kleine), Haut und Kerne entfernt
- 1 reife Banane, geschält
- 3-4 Esslöffel Kakaopulver
- 3-4 Esslöffel reiner Ahornsirup, Kokosnektar oder Dattelsirup
- 1 Teelöffel Vanilleextrakt
- 1/4 Teelöffel Zimt, optional

Geschmackskombination

- 1/2 Tasse frisch gepresster Orangensaft, + mehr nach Bedarf
- 1 Teelöffel oder so Orangenschale, optional

Richtungen

a) In einem Mixer die Zutaten für den Basispudding (zusammen mit beliebigen Geschmackskombinationen) mischen und pürieren, bis er cremig ist, dabei anhalten, um die Seiten nach Bedarf abzukratzen.

b) Fügen Sie nach Bedarf ein paar Esslöffel Wasser hinzu, um die gewünschte Konsistenz zu erreichen. Normalerweise verwende ich 1/2 Tasse Wasser, es sei denn, ich mache Orangengeschmack. Probieren Sie den Geschmack und passen Sie ihn entsprechend an.

c) Pudding kann bei Raumtemperatur serviert werden, aber ich finde ihn am besten für ein paar Stunden im Kühlschrank gekühlt.

d) Servieren: Mit einem Klecks geschlagener Kokoscreme und geriebener Zartbitterschokolade, Kakaonibs oder Johannisbrotchips garnieren.

SMOOTHIES

79. Grüner Smoothie

Ergibt 4 Tassen

Zutaten

- 2 Tassen gehacktes Gemüse, wie Römersalat, Grünkohl oder Blattkohl

- 2 Tassen Obst, wie geschnittene Banane, gewürfelte Mango oder Blaubeeren

- 2 Tassen gefiltertes Wasser, wie gewünscht

Richtungen

a) Alle Zutaten in einen Hochleistungsmixer geben und glatt pürieren.

b) Kann bis zu 1 Tag im Kühlschrank aufbewahrt werden, wird aber am besten sofort genossen.

80. Ananas-Minz-Smoothie

2 dient

Zutaten:

- 3 Tassen frische Ananas, gewürfelt

- 1/4 Tasse frische Minzblätter, lose verpackt

- 1/2 Tasse kaltes Wasser

Richtungen

a) Kombinieren Sie alle Zutaten in einem Mixer.

b) Mischen, bis glatt.

c) Fügen Sie etwas mehr Wasser hinzu, wenn Ihr Mixer es verlangt.

d) Sofort genießen.

81. Kirsch-Kokos-Smoothie

Portionen: 2

Zutaten

- 2 Tassen gefrorene entsteinte Kirschen

- 1 Tasse Kokoswasser

- 1 Esslöffel frischer Limettensaft

Richtungen

a) Alle Zutaten in einen Mixer geben und glatt pürieren.

b) Dienen

82. Mango-Nuss-Joghurt-Smoothie

Portionen: 1

Zutaten

- 1 reife Mango

- 2 Esslöffel Nussjoghurt

- 1/4 Teelöffel Zimt

Richtungen

a) Legen Sie die Mango zum Abkühlen für 30 Minuten in den Gefrierschrank. Wenn Sie es eilig haben, können Sie diesen Schritt überspringen und stattdessen 2 Eiswürfel in den Smoothie geben.

b) Entfernen Sie die Haut der Mango mit einem Gemüseschäler,

c) Schneiden Sie die Mango in mittelgroße Stücke und reservieren Sie etwa 1 Teelöffel Mango, um sie später zum Garnieren des Smoothies zu verwenden.

d) Mango, Nussjoghurt und 1/4 Teelöffel Zimt in einen Mixer geben.

e) 2-3 Minuten auf höchster Stufe mixen oder bis die Mischung cremig ist.

f) In einen Becher gießen, die umgedrehte Mango darüber geben und leicht mit Zimt bestreuen.

83. Tropischer Mandarinen-Smoothie

Zutaten:

- 2 Mandarinen geschält und zerteilt

- 1/2 Tasse Ananas

- 1 gefrorene Banane

Richtungen

a) Mit 1/2 bis 1 Tasse Flüssigkeit mischen.

b) Genießen

84. PBundErdbeer Smoothie

Zutaten:

- 1 Tasse gefrorene Erdbeeren

- 1 große Banane in Scheiben geschnitten

- 1-2 Esslöffel rohe Erdnussbutter

Richtungen

a) Mit 1/2 bis 1 Tasse Flüssigkeit mischen.

85. Karotte Mango Kokosnuss

Zutaten:

- 1 große geriebene Karotte

- 1 Tasse gefrorene Mango

- 1-2 Esslöffel ungesüßte Kokosnuss, gerieben

Richtungen

a) Mit 1/2 bis 1 Tasse Flüssigkeit mischen.

b) Genießen

86. Ingwer Pina Colada

Zutaten:

- 2 Tassen gefrorene Ananas

- 1 Limette geschält und in Scheiben geschnitten

- 1/2-Zoll-Stück Ingwer, in dünne Scheiben geschnitten

Richtungen

a) Mit 1/2 bis 1 Tasse Flüssigkeit mischen.

b) Genießen

87. Kirsch-Blaubeer-Grünkohl

Zutaten:

- 1 Tasse Grünkohl

- 1 Tasse Kirschen

- 1/2 Tasse Blaubeeren

Richtungen

a) Mit 1/2 bis 1 Tasse Flüssigkeit mischen.

b) Genießen

88. Himbeer-Bananen-Chia

Zutaten:

- 1 1/2 Tasse gefrorene Himbeeren

- 1 große Banane in Scheiben geschnitten

- 1 Esslöffel Chiasamen

Richtungen

a) Mit 1/2 bis 1 Tasse Flüssigkeit mischen.

b) Genießen

89. Goji-, Mango- und Baobab-Smoothie-Bowl

Ergibt 3 Tassen.

Zutaten:

- 2 Tassen Wasser

- 1 Mango

- 1/4 Tasse Goji-Beeren oder eine andere Beere

- 5 Datteln, entkernt und eingeweicht

- 2 Teelöffel Baobab-Pulver

Richtungen

e) Alles auf hoher Stufe etwa 30 Sekunden lang in einem Hochgeschwindigkeitsmixer oder 60 Sekunden lang in einem normalen Mixer mixen.

90. Koffeinfreier Yoga-Tee

Zutaten:

- 10 Unzen Wasser (etwa 1 1/3 Tassen)
- 3 ganze Nelken
- 4 ganze grüne Kardamomkapseln, geknackt
- 4 ganzer schwarzer Pfeffer
- $\frac{1}{2}$ Stange Zimt
- $\frac{1}{4}$ Teelöffel Kamillentee
- $\frac{1}{2}$ Tasse Mandelmilch
- 2 Scheiben frische Ingwerwurzel

Richtungen:

a) Wasser zum Kochen bringen und Gewürze hinzugeben.

b) Abdecken und 15 bis 20 Minuten kochen, dann Kamillentee hinzufügen.

c) Einige Minuten ruhen lassen, dann die Mandelmilch hinzugeben und wieder aufkochen. Lass es nicht überkochen.

d) Wenn es kocht, sofort vom Herd nehmen, abseihen und auf Wunsch mit Honig süßen.

91. Artischockenwasser

Zutaten:

- 2 Artischocken

Richtungen

a) Schneiden Sie die Stiele von den Artischocken ab und schneiden Sie die oberen Zentimeter der Blätter ab.

b) Einen großen Topf mit Wasser füllen und zum Kochen bringen. Artischocken hinzufügen und 30 Minuten kochen lassen, oder bis Sie die unteren Blätter der Artischocke leicht abziehen können.

c) Artischocken entfernen und für einen Snack aufbewahren.

d) Lassen Sie das Wasser abkühlen und trinken Sie dann eine Tasse davon.

e) Dies hilft Ihrer Leber, sich selbst und Ihren gesamten Körper zu entgiften.

92. Jungfrau Maria

Zutaten

- 3 Unzen Tomatensaft
- 1/2 Unze Zitronensaft
- 1 Spritzer Worcestershire-Sauce
- 1 Teelöffel Selleriesalz
- Frisch gemahlener schwarzer Pfeffer
- 2 Spritzer scharfe Soße
- 1 Stange Sellerie zum Garnieren
- 1 Gurkenspieß zum Garnieren

Richtungen

a) Tomatensaft und Zitronensaft in ein mit Eiswürfeln gefülltes Glas geben.

b) Gut mischen.

c) Fügen Sie die Worcestershire-Sauce, Salz, Pfeffer und scharfe Sauce nach Geschmack hinzu.

d) Bei Verwendung mit der Selleriestange oder dem Gurkenspieß garnieren. Servieren und genießen!

93. Natürliches Vitaminwasser

Serviert 4

Zutaten
- Vier Tassen kaltes Kokos- oder Mineralwasser
- 1 Zitrone
- eine Handvoll Minzblätter
- Scheibe frische Ingwerwurzel
- 1 kleine Gurke
- Handvoll gefrorene Himbeeren
- Handvoll gefrorene Heidelbeeren
- optional: 1 Esslöffel Apfelessig

Richtungen
a) Gießen Sie das Wasser oder Kokoswasser in einen Krug und fügen Sie Zitrone, Gurke, Minzblätter und Beeren hinzu.
b) Wenn Sie mutig sind, fügen Sie einen Schuss Apfelessig hinzu. Lassen Sie das Wasser dann etwa 30 Minuten lang stehen, damit die Aromen darin einziehen können.
c) Genießen Sie für einen glücklichen Kater!

94. Ananas Detox Tonic im Glas

Zutaten

- 12 Unzen rohes Kokosnusswasser
- 1/2 Tasse gefiltertes Wasser
- 1 grüner Apfel (entkernt und gehackt)
- 1 Tasse frische Ananasstücke
- Saft von 1 Limette
- Saft von 1 Zitrone
- 1/4 Tasse frische Minzblätter
- 2 grüne Äpfel (geviertelt)
- 3 Tassen frische Ananasstücke
- 1 Tasse frische Minzblätter
- 1 Limette (geschält und halbiert)
- 1 Zitrone (geschält und halbiert)
- 12 Unzen rohes Kokosnusswasser
- 1/2 Tasse gefiltertes Wasser (optional)

Richtungen

a) Gießen Sie das Kokosnusswasser und das gefilterte Wasser in das Glas eines Mixers und fügen Sie die restlichen Zutaten hinzu.

b) Auf hoher Geschwindigkeit mixen, bis es sehr glatt ist. Das Getränk kann in einen Nussmilchbeutel oder ein Sieb gesiebt werden, wenn Sie kein Fruchtfleisch mögen, aber wir lieben dieses Getränk, wenn es frisch aus dem Mixer kommt.

c) Dieser Saft hält sich 24 Stunden im Kühlschrank.

95. Ingwertee

Ausbeute: 1 Tasse

Zutaten

- 1-Zoll-Stück frischer Ingwer (muss nicht geschält werden), in Stücke geschnitten, die nicht breiter als $\frac{1}{4}$-Zoll sind
- 1 Tasse Wasser
- Optionale Aromen (wählen Sie nur eine aus): 1 Zimtstange, 1-Zoll-Stück frische Kurkuma (in dünne Scheiben geschnitten, genau wie der Ingwer) oder mehrere Zweige frische Minze
- Optionale Zugaben: 1 dünne Runde frische Zitrone oder Orange und/oder 1 Teelöffel Honig oder Ahornsirup nach Geschmack

Richtungen

a) Kombinieren Sie den geschnittenen Ingwer und das Wasser in einem Topf bei starker Hitze. Wenn Sie eine Zimtstange, frische Kurkuma oder frische Minze hinzufügen, fügen Sie es jetzt hinzu.

b) Bringen Sie die Mischung zum Köcheln und reduzieren Sie dann die Hitze nach Bedarf, um 5 Minuten lang ein sanftes Köcheln beizubehalten (für einen extra starken Ingwergeschmack bis zu 10 Minuten köcheln lassen).

c) Topf vom Herd nehmen. Gießen Sie die Mischung vorsichtig durch ein Maschensieb in einen hitzebeständigen Messbecher für Flüssigkeiten oder direkt in einen Becher.

d) Nach Wunsch mit einer Zitronenscheibe und/oder einem Spritzer Honig oder Ahornsirup servieren. Heiß servieren.

96. BlaubeereundSpinat-Smoothie

Portionen 14

Zutaten

- 3 Esslöffel altmodischer Hafer
- 1 Tasse frischer Spinat
- 1 Tasse gefrorene Blaubeeren
- 1/3 Tasse griechischer Naturjoghurt
- $\frac{3}{4}$ Tasse Milch (welche Art Sie bevorzugen)
- 1/8 Teelöffel Zimt (optional)

Richtungen

a) Alle Zutaten in einen Mixer geben und glatt pürieren.
b) Sofort servieren.

97. Grüner Smoothie mit Feigen

1 Portion

Zutaten:

- 2,5 Unzen (70 g) Babyspinat
- $1\frac{1}{2}$-2 Tassen (300-500 ml) Wasser
- 1 Birne
- 2 Feigen, eingeweicht

Richtungen

a) Spinat mit $1\frac{1}{2}$ Tassen (300 ml) Wasser pürieren.

b) Die Birne schneiden, zusammen mit den Feigen hinzufügen und erneut pürieren.

c) Fügen Sie bei Bedarf mehr Wasser hinzu, um die richtige Konsistenz für Ihren Smoothie zu finden.

98. Kiwi-Frühstück

1 Portion

Zutaten:

- 1 Birne
- 2 Selleriestangen
- gelbe Kiwis
- 1 Esslöffel Wasser
- ½ Teelöffel gemahlener Ingwer

Richtungen

a) Birnen, Sellerie und eine der Kiwis in große Stücke schneiden und im Mixer mit 1 EL Wasser zu einer glatten Konsistenz mixen.

b) Mit der anderen, in Stücke geschnittenen Kiwi und dem gemahlenen Ingwer belegen.

99. Zucchini, Birne und Apfelschale

1 Portion

Zutaten:

- $\frac{1}{2}$ Zucchini
- 1 Birne
- 1 Apfel
- optional: Zimt und gemahlener Ingwer

Richtungen

a) Zucchini und Birnen in große Stücke schneiden und in der Küchenmaschine pürieren.

b) Fügen Sie den Apfel hinzu, schneiden Sie ihn in große Stücke und mixen Sie weiter, bis eine glatte Konsistenz entsteht.

c) In einer Schüssel servieren und mit Zimt und Ingwer bestreuen.

100. Avocado und Beeren

Zutaten:

- 1 Avocado
- 1 Birne
- $3\frac{1}{2}$ Unzen (100 g) Heidelbeeren

Richtungen

a) Avocados und Birnen in Stücke schneiden.

b) In einer Schüssel vermischen und mit Heidelbeeren toppen.

FAZIT

Wir alle lieben eine Party, und das ist in Ordnung, aber wenn Sie einen Kater verprügeln müssen, ist es möglicherweise an der Zeit, das Trinken zu verlangsamen oder sogar aufzuhören. Aber in jedem Fall sind diese Rezepte für Sie da, um diesen Kater zu heilen!

CPSIA information can be obtained
at www.ICGtesting.com
Printed in the USA
LVHW081142200622
721638LV00003B/18

9 781804 658406